d'optico

Gabriela Mistral

POESÍA

editores mexicanos unidos

Diseño de portada: Sergio Padilla

©Editores Mexicanos Unidos, S.A.
Luis González Obregón 5-B
C.P. 06020 Tels: 521-88-70 al 74
Miembro de la Cámara Nacional
de la Industria Editorial. Reg. No. 115
**La presentación y composición tipográficas
son propiedad de los editores**

ISBN 968-15-0212-4

5a. edición, febrero de 1987

4a. Reimpresión Marzo 1992

Impreso en México
Printed in Mexico

PROLOGO PARA GABRIELA MISTRAL

Los verdes ojos de la pequeña Lucila giraban nerviosamente de su madre a la maestra. La maestra, medio ciega y encorvada, escuchaba con asombro las palabras de la señora Alcayaga de Godoy. No entendía porqué la señora estaba tan enojada. Era evidente que la pequeña Lucila, a la que nunca escuchaba jugar, ni gritar, ni hablar siquiera, era una retrasada mental y no podía seguir más en la escuela. Sin embargo la arrogante señora de Godoy, mujer valiente en la adversidad, le contestó firmemente:

—Se equivoca usted. Algún día mi hija llegará a ser algo y usted oirá hablar de ella".

Lucila miró a su madre con un cariño enorme y sus ojos verdes sonrieron silenciosamente, sin que su cara de indiecita moviera un solo músculo.

La confianza de la madre no fue defraudada. Estimulada por esa fe —como ella misma lo recordaría siempre— la niña "retardada" se convirtió más tarde en la gran poetisa americana que todo el mundo veneró y admiró.

Gabriela Mistral —cuyo verdadero nombre fue Lucila Godoy Alcayaga— nació en Vicuña, Chile, en 1889. Heredó de su padre —profesor y poeta errabundo— su incansable alma viajera; de su madre, la fortaleza y la valentía ante los infortunios; de su abuelo indio, la aguda sensibilidad; de su abuela "judaizante", el misticismo, la religiosidad; de su pueblo chileno, la voz potente, ácida y original, llena de piedad por los niños, llena de dolor por los hombres.

Maestra rural, profesora, diplomática, admiradora desde su juventud de Rubén Darío, D'Annunzio, Paul Fort, Nervo y Federico Mistral, de quien tomó el seudónimo, Gabriela Mistral amó a los niños con toda la inmensa ternura que, su alma, de poetisa solitaria en el amor y en la vida, encerraba. *Escribo poemas* —contestó a una periodista una vez— *porque no tengo un niño para acunar en los brazos por las noches.*

La voz de Gabriela comenzó a exalar su canto vivo y generoso en 1914 con la publicación de "Los sonetos de la muerte", libro que le valió la flor de oro en los Juegos Florales de Santiago. Luego su obra suprema "Desolación", "Ternura", "Tala", "Lagar" fueron los hitos que la guiaron hasta el Premio Nóbel, otorgado por la Academia de Suecia en 1945. Fue la primera poetisa americana que recibió ese galardón. Galardón que le dio satisfacción porque "fue la primera vez que tuve suficiente dinero para comprarme una casa", dijo a su amigo el escritor Ciro Alegría. Vivió en su casa de Santa Bárbara, California, hasta que "levantó campamento" porque "yo no deseo volver a EE.UU.", como confesó en una carta, y se instaló en México por un tiempo, para ponerse "un poquito a salvo del mundo sombrío que se viene".

La maestra que orientó a Pablo Neruda en su conocimiento de la literatura rusa, la viajera errante por países que para ella —decía— eran personas, la poetisa curiosa, ávida de culturas indígenas y sentimientos profundamente americanos, la campesina preocupada por la educación y la juventud, fue una mujer sumamente desgraciada en su vida íntima y en su realización sentimental.

Dos suicidios sellaron la tristeza de Gabriela: el de su novio Romelio Ureta y el de su hijo adoptivo, su sobrino Gingin. Las dos formas de amor que había elegido se le desangraron en las manos con sus injustas heridas. "Aunque va a llegar la noche, y estoy sola y ha blanqueado el suelo un azahar de escarcha, para regresar no me alzo, ni hago lecho, entre las hojas, ni acierto a dar, sollozando, un inmenso Padre Nuestro por mi inmenso desamparo".

Gabriela Mistral vuelca entonces su enorme caudal afectivo, su gran fuerza lírica, su humanismo apasionado en su gente y en su tierra americanas. Aunque solía decir: "Pertenezco a esa mitad segundona y pobre de la clase media que está asimilada al pueblo por su ruina", era, en el sentido más noble, una verdadera mujer de pueblo. Los campesinos, los obreros, los niños humildes, los indios postergados, la tierra, los árboles, el cielo, los Andes gigantescos, los leñadores, las madres acunando a sus hijos, la ternura, todo el calor de la vida emerge de su poesía luminosa y vibra con la intensidad de la luz.

Utilizada a veces por gobiernos y grupos que la agasajaban, más para tener en su agenda cultural un personaje importante que para dar hospitalidad a un ser humano tan excepcional, Gabriela Mistral pertenecía a la clase de escritores latinoamericanos que saben donde viven: en un continente trágico y esperanzado, con un conjunto de regiones estrechamente ligadas por el subdesarrollo, la explotación, la miseria y el analfabetismo. "Anduvimos como los hijos que perdieron signo y palabra, como beduíno o ismaelita, como las peñas hondeadas, vagabundos envilecidos gajos de vid santa, hasta el día de recobrarnos como amantes que se encontraran!".

Mestiza como su América, cantó con la grandeza de los poetas que no mueren a todos sus países hermanos, los vivió como propios. En México, donde el presidente Obregón le tributó un recibimiento triunfal y el presidente Alemán le regaló 100 hectáreas de tierra en Sonora, dejó su huella indeleble: "Estoy en donde no estoy, en el Anáhuac plateado, y en su luz como no hay otra peino un niño de mis manos. (. . .) Lo alimento con un ritmo, y él me nutre de algún bálsamo que es el bálsamo del maya, del que a mí me despojaron".

En 1957 el cáncer culminaba sus terribles estragos en el cuerpo fuerte y vital de la poetisa. La incansable viajera de sueños ya no pudo seguir buscando en los caminos la ternura y el ardor que la alimentaran y un último viaje reunió sus huesos con su tierra nativa —como ella lo quiso— para siempre.

Hoy, en el tiempo sombrío que predijo y que tocó con su áspero brazo a su querida tierra chilena y a buena parte de su América, su canto vibrante y luminoso no cesa: *Yo ando buscando un pedazo de suelo con hierba donde poner los pies y tener mi sueño. Pero todo arde en cualquier parte del mundo y hay que seguir andando.*

Máscara, dibujo. Henri Matisse, 1952

AMERICA

DOS HIMNOS

A don Eduardo Santos

I

SOL DE TROPICO

Sol de los Incas, sol de los Mayas,
maduro sol americano,
sol en que mayas y quichés
reconocieron y adoraron,
y en el que viejos aimaráes
como el ámbar fueron quemados.
Faisán rojo cuando levantas
y cuando medias, faisán blanco,
sol pintador y tatuador
de casta de hombre y de leopardo.
Sol de montañas y de valles,
de los abismos y los llanos,
Rafael de las marchas nuestras,
lebrel de oro de nuestros pasos,
por toda tierra y todo mar

santo y seña de mis hermanos.
Si nos perdemos, que nos busquen
en unos limos abrasados,
donde existe el árbol del pan
y padece el árbol del bálsamo

Sol del Cuzco, blanco en la puna,
Sol de México canto dorado,
canto rodado sobre el Mayab,
maíz de fuego no comulgado,
por el que gimen las gargantas
levantadas a tu viático;
corriendo vas por los azules
estrictos o jesucristianos,
ciervo blanco o enrojecido
siempre herido, nunca cazado. . .

Sol de los Andes, cifra nuestra,
veedor de hombres americanos,
pastor ardiendo de grey ardiendo
y tierra ardiendo en su milagro,
que ni se funde ni nos funde,
que no devora ni es devorado;
quetzal de fuego emblanquecido
que cría y nutre pueblos mágicos;
llama pasmado en rutas blancas
guiando llamas alucinados. . .

Raíz del cielo, curador
de los indios alanceados;

brazo santo cuando los salvas,
cuando los matas, amor santo.
Quetzalcóatl, padre de oficios
de la casta de ojo almendrado,
el moledor de los añiles,
el tejedor de algodón cándido.
Los telares indios enhebras
con colibríes alocados
y das las grecas pintureadas
al mujerío de Tacámbaro
¡ Pájaro Roc, plumón que empolla
dos orientes desenfrenados!

Llegas piadoso y absoluto
según los dioses no llegaron,
tórtolas blancas en bandada,
maná que baja sin doblarnos.
No sabemos qué es lo que hicimos
para vivir transfigurados.
En especies solares nuestros
Viracochas se confesaron,
y sus cuerpos los recogimos
en sacramento calcinado.

GABRIELA MISTRAL

A tu llama fie a los míos,
en parva de ascuas acostados.
Sobre tendal de salamandras
duermen y sueñan sus cuerpos santos.
O caminan contra el crepúsculo,
encendidos como retamos,
azafranes contra el poniente,
medio Adanes, medio topacios. . .

Desnuda mírame y reconóceme,
si no me viste en cuarenta años,
con Pirámide de tu nombre,
con pitahayas y con mangos,
con los flamencos de la aurora
y los lagartos tornasolados.

¡ Como el maguey, como la yuca,
como el cántaro del peruano,
como la jícara de Uruápan,
como la quena de mil años,
a ti me vuelvo, a ti me entrego,
en ti me abro, en ti me baño!
Tómame como los tomaste,
el poro al poro, el gajo al gajo,
y ponme entre ellos a vivir,
pasmada dentro de tu pasmo.

Pisé los cuarzos extranjeros,
comí sus frutos mercenarios;
en mesa dura y vaso sordo
bebí hidromieles que eran lánguidos;

recé oraciones mortecinas
y me canté los himnos bárbaros[1],
y dormí donde son dragones
rotos y muertos los Zodíacos.

Te devuelvo por mis mayores
formas y bulto en que me alzaron.
Riégame así con rojo riego;
dame el hervir vuelta tu caldo.
Emblanquéceme u oscuréceme
en tus lejías y tus cáusticos.

¡ Quémame tú los torpes miedos,
sécame lodos, avienta engaños;
tuéstame habla, árdeme ojos,
sollama boca, resuello y canto,
límpiame oídos, lávame vistas,
purifica manos y tactos!

Hazme las sangres y las leches,
y los tuétanos, y los llantos.
Mis sudores y mis heridas
sécame en lomos y en costados.
Y otra vez íntegra incorpórame
a los coros que te danzaron,
los coros mágicos, mecidos
sobre Palenque y Tihuanaco.

[1] Bárbaros, en su recto sentido de ajenos, de extraños.

GABRIELA MISTRAL

Gentes quechuas y gentes mayas
te juramos lo que jurábamos.
De ti rodamos hacia el Tiempo
y subiremos a tu regazo;
de ti caímos en grumos de oro,
en vellón de oro desgajado,
y a ti entraremos rectamente
según dijeron Incas Magos.

¡ Como racimos al lagar
volveremos los que bajamos,
como el cardumen de oro sube
a flor de mar arrebatado
y van las grandes anacondas
subiendo al silbo del llamado!

II
CORDILLERA

¡ Cordillera de los Andes,
Madre yacente y Madre que anda,
que de niños nos enloquece
y hace morir cuando nos falta;
que en los metales y el amianto
nos aupaste las entrañas;
hallazgo de los primogénitos,
de Mama Ocllo y Manco Cápac,
tremendo amor y alzado cuerno
del hidromiel de la esperanza!

Jadeadora del Zodíaco,
sobre la esfera galopada;
corredora de meridianos,
piedra Mazzepa que no se cansa,
Atalanta que en la carrera
es el camino y es la marcha,
y nos lleva, pecho con pecho,
a lo madre y lo marejada,
a maná blanco y peán rojo
de nuestra bienaventuranza.

GABRIELA MISTRAL

Caminas, Madre, sin rodillas,
dura de ímpetu y confianza;
con tus siete pueblos caminas
en tus faldas acigüeñadas;
caminas la noche y el día,
desde mi Estrecho a Santa Marta,
y subes de las aguas últimas
la cornamenta del Aconcagua.
Pasas el valle de mis leches,
amoratando la higuerada;
cruzas el cíngulo de fuego
y los ríos Dioscuros lanzas[1];
pruebas Sangassos de salmuera
y desciendes alucinada. . .

Víboreas de las señales
del camino del Inca Huayna,
veteada de ingenierías
y tropeles de alpaca y llama,
de la hebra del indio atónito
y del ¡ ay ! de la quena mágica.
Donde son valles, son dulzuras;
donde repechas, das el ansia;
donde azurea el altiplano
es la anchura de la alabanza.

Extendida como una amante

---

[1] El Cauca y el Magdalena.

20

y en los soles reverberada,
punzas al indio y al venado
con el jenjibre y con la salvia;
en las carnes vivas te oyes
lento hormiguero, sorda vizcacha;
oyes al puma ayuntamiento
y a la nevera, despeñada,
y te escuchas el propio amor
en tumbo y tumbo de tu lava. . .
Bajan de ti, bajan cantando,
como de nupcias consumadas,
tumbadores de las caobas
y rompedores de araucarias.

Aleluya por el tenerte
para cosecha de las fábulas,
alto ciervo que vio San Jorge
de cornamenta aureolada
y el fantasma del Viracocha,
vaho de niebla y vaho de habla.
¡ Por las noches nos acordamos
de bestia negra y plateada,
leona que era nuestra madre
y de pie nos amamantaba!

En los umbrales de mis casas,
tengo tu sombra amoratada.
Hago, sonámbula, mis rutas,

en seguimiento de tu espalda,
o devanándome en tu niebla,
o tanteando un flanco de arca;
y la tarde me cae al pecho
en una madre desollada.
¡ Ancha pasión, por la pasión
de hombros de hijos jadeada!

¡ Carne de piedra de la América,
halalí de piedras rodadas,
sueño de piedra que soñamos,
piedras del mundo pastoreadas;
enderezarse de las piedras
para juntarse con sus almas!
¡ En el cerco del valle de Elqui,
en luna llena de fantasma,
no sabemos si somos hombres
o somos peñas arrobadas!

Vuelven los tiempos en sordo río
y se les oye la arribada
a la meseta de los Cuzcos
que es la peana de la gracia.
Silbaste el silbo subterráneo
a la gente color del ámbar;
te desatamos el mensaje
enrollado de salamandra;
y de tus tajos recogemos
nuestro destino en bocanada.

¡Anduvimos como los hijos
que perdieron signo y palabra,
como beduino o ismaelita,
como las peñas hondeadas,
vagabundos envilecidos,
gajos pisados de vid santa,
hasta el día de recobrarnos
como amantes que se encontraran!

Otra vez somos los que fuimos,
cinta de hombres, anillo que anda,
viejo tropel, larga costumbre
en derechura a la peana,
donde quedó la madre augur
que desde cuatro siglos llama,
en toda noche de los Andes
y con el grito que es lanzada.
Otra vez suben nuestros coros
y el roto anillo de la danza,

por caminos que eran de chasquis[1]
y en pespunte de llamaradas.
Son otra vez adoratorios
jaloneando la montaña
y la espiral en que columpian
mirra-copal, mirra-copaiba,

1 "Chasquis", correos quechuas.

¡ para tu gozo y nuestro gozo
balsámica y embalsamada!

Al fueguino sube al Caribe
por tus punas espejeadas;
a criaturas de salares
y de pinar lleva a las palmas.
Nos devuelves al Quetzalcóatl
acarreándonos al maya,
y en las mesetas cansa-cielos,
donde es la luz transfigurada,
braceadora, ata tus pueblos
como juncales de sábana.

¡ Suele el caldo de tus metales
los pueblos rotos de tus abras;
cose tus ríos vagabundos,
tus vertientes acainadas.
Puño de hielo, palma de fuego,
a hielo y fuego puríficanos!
Te llamemos en aleluya
y en letanía arrebatada:
¡Especie eterna y suspendida,
Alta-ciudad — Torres-doradas,
Pascual Arribo de tu gente,
Arca tendida de la Alianza!

TIERRA CHILENA

Danzamos en tierra chilena,
más bella que Lía y Raquel;
la tierra que amasa a los hombres
de labios y pecho sin hiel...

La tierra más verde de huertos,
la tierra más rubia de mies,
la tierra más roja de viñas,
¡qué dulce que roza los pies!

Su polvo hizo nuestras mejillas,
su río, nuestro reír,
y besa los pies de la ronda
que la hace cual madre gemir.

Es bella, y por bella queremos
sus pastos de rondas albear;
es libre y por libre deseamos
su rostro de cantos bañar...

Mañana abriremos sus rocas,
la haremos viñedo y pomar;
mañana alzaremos sus pueblos
¡hoy sólo queremos danzar!

RONDA ARGENTINA

La ronda de la Argentina
en el Trópico aparece
y bajando por los ríos
con sus mismos ríos crece.
Pasa, pasa los plantíos
y en helechos se atardece.
Caminamos con el día
seguimos cuando anochece.

Dejando Mesopotamia
como que desaparece,
porque el anillo se rompe
con la fuerza de las mieses.
Siete veces se nos rompe
y se junta siete veces.

En la Pampa va cruzando
la grosura de las reses
y la ronda blanca parte

negruras y bermejeces.
Y con el viento pampero
a más canta más se crece.

Llegando a la Patagonia,
de avestruces emblanquece,
y pescamos en las Islas
los que son últimos peces.
La ronda de la Argentina
que en el Trópico aparece.
Y la ronda da la vuelta
donde el mundo desfallece...

En el blanco mar Antártico
prueba el mar hasta las heces,
y en un giro da la vuelta
donde el mundo desfallece,
la ronda de la Argentina
que en el Trópico aparece.

MAR CARIBE

A. E. Ribera Chevremont

Isla de Puerto Rico,
isla de palmas,
apenas cuerpo, apenas,
como la Santa,
apenas posadura
sobre las aguas;
del millar de palmeras
como más alta,
y en las dos mil colinas
como llamada.

La que como María
funde al nombrarla
y que, como paloma,
vuela nombrada.

Isla en amaneceres
de mí gozada,
sin cuerpo acongojado,

29

trémula de alma;
de sus constelaciones
amamantada,
en la siesta de fuego
punzada de hablas,
y otra vez en el alba,
adoncellada.

Isla en caña y cafés
apasionada;
tan dulce de decir
como una infancia;
bendita de cantar
como un ¡hosanna!
sirena sin canción
sobre las aguas,
ofendida de mar
en marejada:
¡Cordelia de las olas
Cordelia amarga!

Seas salvada como
la corza blanca
y como el llama nuevo
del Pachacámac[1],
y como el huevo de oro
de la nidada,
y como la Ifigenia,
viva en la llama.

Te salven los Arcángeles
de nuestra raza:
Miguel castigador,

[1] Dios máximo de los quechuas.

30

Rafael que marcha,
y Gabriel que conduce
la hora colmada.

Antes que en mí se acaben
marcha y mirada;
antes de que mi carne
sea una fábula
y antes que mis rodillas
vuelen en ráfagas. . .

Día de la liberación de Filipinas

TAMBORITO PANAMEÑO[1]

A Méndez Pereira

Panameño, panameño,
panameño de mi vida,
yo quiero que tú me lleves
al tambor de la alegría[2]

De una parte mar de espejos,
de la otra, serranía,
y partiéndonos la noche
el tambor de la alegría.

Donde es bosque de quebracho,
panamá y especiería,
apuñala de pasión
el tambor de la alegría.

[1] Nombre de un baile indígena de Panamá.
[2] Estrofa única del canto folklórico aludido.

Emboscado silbador,
cebo de la hechicería,
guiño de la media noche,
panameña idolatría. . .

Los muñones son caoba
y la piel venadería,
y más loco a cada tumbo
el tambor de la alegría.

Jadeante como pecho
que las sierras subiría.
¡ Y la noche que se funde
el tambor de la alegría!

Vamos donde tú nos quieres,
que era donde nos querías,
embozado de las greñas,
tamborito de alegría.

Danza de la gente roja,
fiebre de panamería,
vamos como quien se acuerda
al tambor de la alegría.

Como el niño que en el sueño
a su madre encontraría,
vamos a la leche roja
del tambor de la alegría.

33

Mar pirata, mar fenicio,
nos robó a la paganía,
y nos roba al robador
el tambor de la alegría.

¡ Vamos por ningún sendero,
que el sendero sobraría,
por el tumbo y el jadeo
del tambor de la alegría!

EL MAIZ

I

El maíz del Anáhuac,
el maíz de olas fieles,
cuerpo de los mexitlis,
a mi cuerpo se viene.
En el viento me huye,
jugando a que lo encuentre,
y me cubre y me baña
el Quetzalcóatl[1] verde
de las colas trabadas
que lamen y que hieren.

Braceo en la oleada
como el que nade siempre;

a puñados recojo
las pechugas huyentes,
riendo risa india
que mofa y que consiente,

[1] Quetzalcóatl, la serpiente emplumada de los aztecas

35

y voy ciega en marea
verde resplandeciente,
braceándole la vida,
braceándole la muerte.

II

Al Anáhuac lo ensanchan
maizales que crecen.
La tierra, por divina,
parece que la vuelen.
En la luz sólo existen
eternidades verdes,
remada de esplendores
que bajan y que ascienden.
Las Sierras Madres pasa
su pasión vehemente.
El indio que los cruza
"como que no parece".
Maizal hasta donde
lo postreno emblanquece,
y México se acaba
donde el maíz se muere.

III

Por bocado de Xóchitl,
madre de las mujeres,
porque el umbral en hijos

y en danza reverbere,
se matan los mexitlis

como Tlálocs[2] que jueguen
y la piel del Anáhuac
de escamas resplandece.
Xóchitl va caminando
en filos y filos verdes.
Su hombre halla tendido
en caña de la muerte.
Lo besa con el beso
que a la nada desciende
y le siembra la carne
en el Anáhuac leve,
en donde llama un cuerno
por el que todo vuelve. . .

IV

Mazorcada del aire[3]
y mazorcal terrestre,
el tendal de los muertos
y el Quetzalcóatl verde,
se están como uno solo
mitad frío y ardiente,
y la mano en la mano,
se velan y se tienen.

[2] Espíritus juguetones del agua.

[3] Alusión al fresco del maíz de Diego Rivera llamado "Fecundación".

37

Están en turno y pausa
que el Anáhuac comprende,
hasta que el silbo largo
por los maíces suene
de que las cañas
dancen y desperecen:
¡ eternidad que va
y eternidad que viene!

V

Las mesas del maíz
quieren que yo me acuerde.
El corro está mirándome
fugaz y eternamente.
Los sentados son órganos[4],
las centadas magueyes.
Delante de mi pecho
la mazorcada tienden.
De la voz y los modos
gracia tolteca llueve.
La casta come lento,
como el venado bebe.
Dorados son el hombre,
el bocado, el aceite,
y en sesgo de ave pasan
las jícaras alegres.

[4] Cactus cirial simple.

Otra vez me tuvieron
éstos que aquí me tienen,
y el corro, de lo eterno,
parece que espejee. . .

VI

El santo maíz sube
en un ímpetu verde,
y dormido se llena
de tórtolas ardientes.
El secreto maíz
en vaina fresca hierve
y hierve de unos crótalos
y de unos hidromieles.
El dios que lo consuma,
es dios que lo enceguece;
le da forma de ofrenda
por dársela ferviente;
en voladores hálitos
su entrega se disuelve
y México se acaba
donde la milpa[5] muere.

VII

El pecho del maíz
su fervor lo retiene.

[5] "Milpa", el maizal en lengua indígena.

El ojo del maíz
tiene el abismo breve.
El habla del maíz
en valva y valva envuelve.
Ley vieja del maíz,
caída no perece,
y el hombre del maíz
se juega, no se pierde.
Ahora es en Anáhuac
y ya fue en el Oriente:
¡ eternidades van
y eternidades vienen!

VIII

Molinos rompe-cielos
mis ojos no los quieren.
El maizal no aman
y su harina no muelen:
no come grano santo
la hiperbórea gente.
Cuando mecen sus hijos
de otra mecida mecen,
en vez de los niveles
de balanceadas frentes.
A costas del maíz
mejor que no naveguen:
maíz de nuestra boca
lo coma quien lo rece.

El cuerno mexicano
de maizal se vierte
y así tiemblan los pulsos
en trance de cogerle
y así canta la sangre
con el arcángel verde,
porque el mágico Anáhuac
se ama perdidamente...

IX

Hace años que el maíz
no me canta en las sienes
ni corre por mis ojos
su crinada serpiente.
Me faltan los maíces
y me sobran las mieses.
Y al sueño, en vez de Anáhuac,
le dejo que me suelte
su mazorca infinita
que me aplaca y me duerme.
Y grano rojo y negro[6]
y dorado y en cierne,
el sueño sin Anáhuac
me cuenta hasta mi muerte...

[6] Especies coloreadas del maíz en México.

41

NIÑO MEXICANO

Estoy en donde no estoy,
en el Anáhuac plateado,
y en su luz como no hay otra
peino un niño de mis manos.

En mis rodillas parece
flecha caída del arco,
y como flecha lo afilo
meciéndolo y canturreando.

En luz tan vieja y tan niña
siempre me parece hallazgo,
y lo mudo y lo volteo
con el refrán que le canto.

Me miran con vida eterna
sus ojos negri-azulados,
y como en costumbre eterna,
yo lo peino de mis manos.

Resinas de pino-ocote
van de su nuca a mis brazos,
y es pesado y es ligero
de ser la flecha sin arco. . .

Lo alimento con un ritmo,
y él me nutre de algún bálsamo
que es el bálsamo del maya
del que a mí me despojaron

Yo juego con sus cabellos
y los abro y los repaso,
y en sus cabellos recobro
a los mayas dispersados.

Hace doce años dejé
a mi niño mexicano;
pero despierta o dormida
yo lo peino de mis manos. . .

¡ Es una maternidad
que no me cansa el regazo,
y es un éxtasis que tengo
de la gran muerte librado!

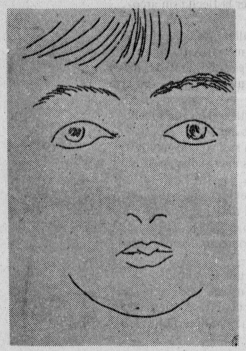

La señora Gris, grabado. H. Matisse, 1914.

NOCTURNOS

NOCTURNO DE LA CONSUMACION

A Waldo Frank

Te olvidaste del rostro que hiciste
en un valle a una oscura mujer;
olvidaste entre todas tus formas
mi alzadura de lento ciprés;
cabras vivas, vicuñas doradas
te cubrieron la triste y la fiel.

Te han tapado mi cara rendida
las criaturas que te hacen tropel;
te han borrado mis hombros las dunas
y mi frente algarrobo y maitén.
Cuantas cosas gloriosas hiciste
te han cubierto a la pobre mujer.

Como Tú me pusiste en la boca
la canción por la sola merced;
como Tú me enseñaste este modo
de estirarte mi esponja con hiel,

47

yo me pongo a cantar tus olvidos,
por hincarte mi grito otra vez.

Yo te digo que me has olvidado
—pan de tierra de la insipidez—
leño triste que sobra en tus haces,
pez sombrío que afrenta la red.
Yo te digo con otro[1] que "hay tiempo
de sembrar como de recoger".

No te cobro la inmensa promesa
de tu cielo en niveles de mies;
no te digo apetito de Arcángeles
ni Potencias que me hagan arder;
no te busco los prados de música
donde a tristes llevaste a pacer.

Hace tanto que masco tinieblas,
que la dicha no sé reaprender;
tanto tiempo que piso las lavas
que olvidaron vellones los pies;
tantos años que muerdo el desierto
que mi patria se llama la Sed.

La oración de paloma zurita
ya no baja en mi pecho a beber;
la oración de colinas divinas,
se ha raído en la gran aridez,
y ahora tengo en la mano una nueva,
la más seca, ofrecida a mi Rey.

[1] Salomón.

Dame Tú el acabar de la encina
en fogón que no deje la hez;
dame Tú el acabar del celaje
que su sol hizo y quiso perder;
dame el fin de la pobre medusa
que en la arena consuma su bien.

He aprendido un amor que es terrible
y que corta mi gozo a cercén:
he ganado el amor de la nada,
apetito del nunca volver,
voluntad de quedar con la tierra
mano a mano y mudez con mudez,
despojada de mi propio Padre,
¡rebanada de Jerusalem!

NOCTURNO DE LA DERROTA

Yo no he sido tu Pablo absoluto
que creyó para nunca descreer,
una brasa violenta tendida
de la frente con rayo a los pies.
Bien le quise el tremendo destino,
pero no merecí su rojez.

Brasa breve he llevado en la mano,
llama corta ha lamido mi piel.
Yo no supe, abatida del rayo,
como el pino de gomas arder.
Viento tuyo no vino a ayudarme
y blanqueo antes de perecer.

Caridad no más ancha que rosa
me ha costado jadeo que ves.
Mi perdón es sombría jornada
en que miro diez soles caer;
mi esperanza es muñón de mí misma
que volteo y que ya es rigidez.

Yo no he sido tu Santo Francisco
con su cuerpo en un arco de "amén",
sostenido entre el cielo y la tierra
cual la cresta del amanecer,
escalera de limo por donde
ciervo y tórtola oíste otra vez.

Esta tierra de muchas criaturas
me ha llamado y me quiso tener;
me tomó cual la madre a su entraña;
me le di, por mujer y por fiel.
¡ Me meció sobre el pecho del fuego,
me aventó como cobra su piel!

Yo no he sido tu fuerte Vicente,
confesor de galera soez,
besador de la carne perdida,
con sus llantos siguiéndole en grey,
aunque le amo más fuerte que mi alma
y en su pecho he tenido sostén.

Mis sentidos malvados no curan
una llaga sin se estremecer;
mi piedad ha volteado la cara
cuando Lázaro ya es fetidez,
y mis manos vendaron tanteando,
incapaces de amar cuando ven.

Y ni alcanzo al segundo Francisco[1]
con su rostro en el atardecer,

1 San Francisco de Sales.

tan sereno de haber escuchado
todo mal con su oreja de Abel,
¡ corazón desde aquí columpiado
en los coros de Melquisedec!

Yo nací de una carne tajada
en el seco riñón de Israel,
Macabea que da Macabeos,
miel de avispa que pasa a hidromiel,
y he cantado cosiendo mis cerros
por cogerte en el grito los pies[1].

Te levanto pregón de vencida,
con vergüenza de hacer descender
tu semblante a este campo de muerte
y tu mano a mi gran desnudez.

Tú, que losa de tumba rompiste
como el brote que rompe su nuez,
ten piedad del que no resucita
ya contigo y se va a deshacer,
con el liquen quemado en sus sales,
con genciana quemada en su hiel,
con las cosas que a Cristo no tienen
y de Cristo no baña la ley.

Cielos morados, avergonzados
de mi derrota.

___

[1] La chilenidad en su aspecto fuerte y terco.

Capitán vivo y envilecido,
nuca pisada, ceño pisado
de mi derrota.
Cuerno cascado de ciervo noble
de mi derrota.

NOCTURNO DE LOS
TEJEDORES VIEJOS

Se acabaron los días divinos
de la danza delante del mar,
y pasaron las siestas del viento
con aroma de polen y sal,
y las otras en trigos dormidas
con nidal de paloma torcaz.

Tan lejanos se encuentran los años
de los panes de harina candeal
disfrutados en mesa de pino,
que negamos, mejor, su verdad,
y decimos que siempre estuvieron
nuestras vidas lo mismo que están
y vendemos la blanca memoria
que dejamos tendida al umbral.

Han llegado los días ceñidos
como el puño de Salmanazar.

Llueve tanta ceniza nutrida
que la carne es su propio sayal.
Retiraron los mazos de lino
y se escarda, sin nunca acabar,
un esparto que no es de los valles
porque es hebra de hilado metal...

Nos callamos las horas y el día
sin querer la faena nombrar,
cual se callan remeros muy pálidos
los tifones, y el boga, el caimán,
porque el nombre no nutra al destino,
y sin nombre, se pueda matar.

Pero cuando la frente enderézase
de la prueba que no han de apurar,
al mirarnos, los ojos se truecan
la palabra en el iris leal,
y bajamos los ojos de nuevo,
como el jarro al brocal contumaz,
desolados de haber aprendido
con el nombre la cifra letal.

Los precitos contemplan la llama
que hace dalias y fucsias girar;
los forzados, como una cometa,
bajan y alzan su "nunca jamás"
Mas nosotros tan sólo tenemos,
para juego de nuestro mirar,

grecas lentas que dan nuestras manos,
golondrinas —al muro de cal,
remos negros que siempre jadean
y que nunca rematan el mar.

Prodigiosas las dulces espaldas
que se olvidan de se enderezar,
que obedientes cargaron los linos
y obedientes la leña mortal,
porque nunca han sabido de dónde
fueron hechas y a qué volverán.

¡ Pobre cuerpo que todo ha aprendido
de sus padres José e Isaac,
y fantásticas manos leales,
las que tejen sin ver ni contar,
ni medir paño y paño cumplido,
preguntando si basta o si es más!

Levantando la blanca cabeza
ensayamos tal vez preguntar
de qué ofensa callada ofendimos
a un demiurgo al que se ha de aplacar,
como leños de hoguera que odiasen
el arder, sin saberse apagar.

Humildad de tejer esta túnica
para un dorso sin nombre ni faz,
y dolor el que escucha en la noche

toda carne de Cristo arribar,
recibir el telar que es de piedra
y la Casa que es de eternidad.

NOCTURNO DE JOSE ASUNCION[1]

A Alfonso Reyes

Una noche como esta noche,
se han de dormir viniendo el día:
de Circe llena, ésa sería
la noche de José Asunción,
cuando a acabarse se tendía;

Emponzoñada por el sapo
que echa su humor en hierba fría,
y a la hierba llama al acedo
a revolcarse en acedía;

Alumbrada por esta luna,
barragana de gran falsía,
que la locura hace de plata
como olivo o sabiduría;

---

[1] El poeta suicida José Asunción Silva.

Gobernada por esta hora
en que al Cristo fuerte se olvida,
y en que su mano, traicionada,
suelta el mundo que sostenía

(Y el mundo, suelto de su mano,
como el pichón de la que cría,
hacia la hora duodécima
sin su fervor se nos enfría):

Taladrada por la corneja
que en la rama seca fingía
la vertical del ahorcado
con su dentera de agonía;

Arreada por el Maligno
que huele al ciervo por la herida,
y le ofrece en el humus negro
venda más negra todavía;

Venda apretada de la noche
que, como a Antero[1], cerraría,
con leve lana de la nada,
la boca de las elegías;
Noche en que la divina hermana
con la montaña se dormía,
sin entender que los que aman
se han de dormir viniendo el día;

[1] El poeta suicida Anthero de Quental.

Como esta noche que yo vivo
la de José Asunción sería.

MATERIAS

AGUA

Hay países que yo recuerdo
como recuerdo mis infancias.
Son países de mar o río,
de pastales, de vegas y aguas.
Aldea mía sobre el Ródano,
rendida en río y en cigarras;
Antilla en palmas verdi-negras
que a medio mar está y me llama;
¡ roca ligure de Portofino:
mar italiana, mar italiana!

Me han traído a país sin río,
tierras-Agar, tierras sin agua;
Saras blancas y Saras rojas,
donde pecaron otras razas,
de pecado rojo de atridas
que cuentan gredas tajeadas;
que no nacieron como un niño
con unas carnazones grasas,
cuando las oigo, sin un silbo,
cuando las cruzo, sin mirada.

63

Quiero volver a tierras niñas;
llévenme a un blando país de aguas.
En grandes pastos envejezca
y haga al río fábula y fábula.
Tenga una fuente por mi madre
y en la siesta salga a buscarla,
y en jarras baje de una peña
un agua dulce, aguda y áspera.

Me venza y pare los alientos
el agua acérrima y helada.
¡ Rompa mi vaso y al beberla
me vuelva niñas las entrañas!

PAN

> *A Teresa y Enrique*
> *Diez-Canedo*

Dejaron un pan en la mesa,
mitad quemando, mitad blanco,
pellizcado encima y abierto
en unos migajones de ampo.

Me parece nuevo o como no visto,
y otra cosa que él no me ha alimentado
pero volteando su miga, sonámbula,
tacto y olor se me olvidaron.

Huele a mi madre cuando dio su leche,
huele a tres valles por donde he pasado:
a Aconcagua, a Pátzcuaro, a Elqui,
y a mis entrañas cuando yo canto.

Otros olores no hay en la estancia
y por eso él así me ha llamado;

y no hay nadie tampoco en la casa
sino este pan abierto en un plato,
que con su cuerpo me reconoce
y con el mío yo reconozco.

Se ha comido en todos los climas
el mismo pan en cien hermanos:
pan de Coquimbo, pan de Oaxaca,
pan de Santa Ana y de Santiago.

En mis infancias yo le sabía
forma de sol, de pez o de halo,
y sabía mi mano su miga
y el calor de pichón emplumado...

Después lo olvidé, hasta este día
en que los dos nos encontramos,
yo con mi cuerpo de Sara vieja
y él con el suyo de cinco años.

Amigos muertos con que comíalo
en otros valles sientan el vaho
de un pan en septiembre molido
y en agosto en Castilla segado.

Es otro y es el que comimos
en tierras donde se acostaron.

Abro la miga y les doy su calor;
lo volteo y les pongo su hálito.

La mano tengo de él rebosada
y la mirada puesta en mi mano;
entrego un llanto arrepentido
por el olvido de tantos años,
y la cara se me envejece
o me renace en este hallazgo.

Como se halla vacía la casa,
estemos juntos los reencontrados,
sobre esta mesa sin carne y fruta,
los dos en este silencio humano,
hasta que seamos otra vez uno
y nuestro día haya acabado...

SAL

La sal cogida de la duna,
gaviota viva de ala fresca,
desde su cuenco de blancura,
me busca y vuelve su cabeza.

Yo voy y vengo por la casa
y parece que no la viera
y que tampoco ella me viese,
Santa Lucía blanca y ciega.

Pero la Santa de la sal,
que nos conforta y nos penetra,
con la mirada enjuta y blanca,
alancea, mira y gobierna
a la mujer de la congoja
y a lo tendido de la cena.

De la mesa viene a mi pecho;
va de mi cuarto a la despensa,

con ligereza de vilano
y brillos rotos de saeta.

La cojo como a criatura
y mis manos la espolvorean,
y resbalando con el gesto
de lo que cae y se sujeta,
halla la blanca y desolada
duna de sal de mi cabeza.

Me salaba los lagrimales
y los caminos de mis venas,
y de pronto me perdería
como en juego de compañera,
pero en mis palmas, al regreso,
con mi sangre se reencuentra. . .

Mano a la mano nos tenemos
como Raquel, como Rebeca.
Yo volteo su cuerpo roto
y ella voltea mi guedeja,
y nos contamos las Antillas
o desvariamos las Provenzas.

Ambas éramos de las olas
y sus espejos de salmuera,
y del mar libre nos trajeron
a una casa profunda y quieta;
y el puñado de sal y yo,
en beguinas o en prisioneras,

las dos llorando, las dos cautivas,
atravesamos por la puerta. . .

EL AIRE

A José Ma. Quiroga Plá

En el llano y la llanada
de salvia y menta salvaje,
encuentro como esperándome
el Aire.

Gira redondo, en un niño
desnudo y voltijeante,
y me toma y arrebata
por su madre.

Mis costados coge enteros,
por cosa de su donaire,
y mis ropas entregadas
por casales. . .

Silba en áspid de las ramas
o empina los matorrales;
o me para los alientos

como un Angel.

Pasa y repasa en helechos
y pechugas inefables,
que son gaviotas y aletas
de Aire.

Lo tomo en una brazada;
cazo y pesco, palpitante,
ciega de plumas y anguilas
del Aire. . .

A lo que hiero no hiero,
o lo tomo sin lograrlo,
aventando y cazando
burlas de Aire. . .

Cuando camino de vuelta,
por encinas y pinares,
todavía me persigue
el Aire.

Entro en mi casa de piedra
con los cabellos jadeantes,
ebrios, ajenos y duros
del Aire.

En la almohada, revueltos,

no saben apaciguarse,
y es cosa, para dormirme,
de atarles. . .

Hasta que él allá se cansa
como un albatros gigante,
o una vela que rasgaron
parte a parte.

Al amanecer, me duermo
—cuando mis cabellos caen—
como la madre del hijo,
rota del Aire. . .

HISTORIAS DE LOCA

LA MUERTE-NIÑA

A Gonzalo Zaldumbide

—"En esa cueva nos nació,
y como nadie pensaría,
nació desnuda y pequeñita
como el pobre pichón de cría.

¡ Tan entero que estaba el mundo!
¡ tan fuerte que era al mediodía!
¡ tan armado como la piña,
cierto del Dios que sostenía!

Alguno nuestro la pensó
como se piensa villanía;
la Tierra se lo consintió
y aquella cueva se le abría.

De aquel hoyo salió de pronto,
con esa carne de elegía;
salió tanteando y gateando
y apenas se la distinguía.

77

Con una piedra se aplastaba,
con el puño se la exprimía.
Se balanceaba como un junco
y con el viento se caía. . .

Me puse yo sobre el camino
para gritar a quien me oía:
—"¡ Es una muerte de dos años
que bien se muere todavía! "

Recios rapaces la encontraron,
a hembras fuertes cruzó la vía;
la miraron Nemrod y Ulises,
pero ninguno comprendía. . .

Se envilecieron las mañanas,
torpe se hizo el mediodía;
cada sol aprendió su ocaso
y cada fuente su sequía.

La pradera aprendió el otoño
y la nieve su hipocresía,
la bestezuela su cansancio,
la carne de hombre su agonía.

Yo me entraba por casa y casa
y a todo hombre se lo decía:
—"¡ Es una muerte de siete años

que bien se muere todavía! ''

Y dejé de gritar mi grito
cuando vi que se adormecían.
Ya tenían no sé qué dejo
y no sé qué melancolía. . .

Comenzamos a ser los reyes
que conocen postrimería
y la bestia o la criatura
que era la sierva nos hería.

Ahora el aliento se apartaba
y ahora la sangre se perdía,
y la canción de las mañanas
como cuerno se enronquecía.

La muerte tenía treinta años;
ya nunca más se moriría,
y la segunda Tierra nuestra
iba abriendo su Epifanía.''

Se lo cuento a los que han venido,
y se ríen con insanía:
—''Yo soy de aquellas que bailaban
cuando la Muerte no nacía. . .''

LA FLOR DEL AIRE[1]

A Consuelo Saleva

Yo la encontré por mi destino,
de pie a mitad de la pradera,
gobernadora del que pase,
del que le hable y que la vea.

Y ella me dijo: —"Sube al monte.
Yo nunca dejo la pradera,
y me cortas las flores blancas
como nieves, duras y tiernas".

Me subí a la ácida montaña,
busqué las flores donde albean,
entre las rocas existiendo
medio-dormidas y despiertas.

Cuando bajé, con carga mía,
la hallé a mitad de la pradera,

[1] "La Aventura", quise llamarla, mi
aventura con la Poesía. . .

y fui cubriéndola frenética,
con un torrente de azucenas.

Y sin mirarse la blancura,
ella me dijo: —"Tú acarrea
ahora sólo flores rojas.
Yo no puedo pasar la pradera".

Trepé las peñas con el venado,
y busqué flores de demencia,
las que rojean y parecen
que de rojez vivan y mueran.

Cuando bajé se las fui dando
con un temblor feliz de ofrenda,
y ella se puso como el agua
que en ciervo herido se ensangrienta.

Pero mirándome, sonámbula,
me dijo: —"Sube y acarrea
las amarillas, las amarillas.
Yo nunca dejo la pradera".

Subí derecho a la montaña
y me busqué las flores densas,
color de sol y de azafranes,
recién nacidas y ya eternas.

Al encontrarla, como siempre,
a la mitad de la pradera,

segunda vez yo fui cubriéndola,
y la dejé como las eras.

Y todavía, loca de oro,
me dijo: —"Súbete, mi sierva,
y cortarás las sin color,
ni azafranadas ni bermejas".

"Las que yo amo por recuerdo
de la Leonora y la Ligeia,
color del Sueño y de los sueños.
Yo soy Mujer de la pradera".

Me fui ganando la montaña,
ahora negra como Medea,
sin tajada de resplandores,
como una gruta vaga y cierta.

Ellas no estaban en las ramas,
ellas no abrían en las piedras
y las corté del aire dulce,
tijereteándolo ligera.

Me las corté como si fuese
la cortadora que está ciega.
Corté de un aire y de otro aire,
tomando el aire por mi selva...

Cuando bajé de la montaña
y fui buscándome a la reina,

ahora ella caminaba,
ya no era blanca ni violenta;

Ella se iba, la sonámbula,
abandonando la pradera,
y yo siguiéndola y siguiéndola
por el pastal y la alameda.

Cargada así de tantas flores,
con espaldas y manos aéreas,
siempre cortándolas del aire
y con los aires como siega...

Ella delante va sin cara;
ella delante va sin huella,
y yo la sigo todavía
entre los gajos de la niebla,

Con estas flores sin color,
ni blanquecinas ni bermejas,
hasta mi entrega sobre el límite,
cuando mi Tiempo se disuelva...

LA SOMBRA

En un metal de cipreses
y de cal espejeadora,
sobre mi sombra caída
bailo una danza de mofa.

Como plumón rebanado
o naranja que se monda,
he aventado y no recojo
el racimo de mi sombra.

La cobra negra seguíame,
incansable, por las lomas,
o en el patio, sin balido,
en oveja querenciosa.

Cuando mi néctar bebía,
me arrebataba la copa;
y sobre el telar soltaba
su greña gitana o mora.

Cuando en el cerro yo hacía
fogata y cena dichosa,
a comer se me sentaba
en niña de manos rotas. . .

Besó a Jacob hecha Lía,
y él le creyó a la impostora,
y pensó que me abrazaba
en antojo de mi sombra.

Está muerta y todavía
juega, mañosa a mi copia,
y la gritan con mi nombre
los que la giran en ronda.

Veo de arriba su red
y el cardumen que desfonda;
y yo río, liberada
perdiendo al corro que llora.

Siento un oreo divino
de espaldas que el aire toma
y de más en más me sube
una brazada briosa.

Llego por un mar trocado
en un despeño de sonda,
y arribo a mi derrotero
de las Divinas Personas.

En tres cuajos de cristales
o tres grandes velas solas,
me encontré y revoloteo,
en torno de las Gloriosas.

Cubren sin sombra los cielos,
como la piedra preciosa,
y yo sin mi sombra bailo
los cielos como mis bodas. . .

EL FANTASMA

En la dura noche cerrada
o en la húmeda mañana tierna,
sea invierno, sea verano,
esté dormida, esté despierta.

Aquí estoy si acaso me ven,
y lo mismo si no me vieran,
queriendo que abra aquel umbral
y me conozca aquella puerta.

En un turno de mando y ruego,
y sin irme, porque volviera,
con mis sentidos que tantean
sólo este leño de una puerta,

Aquí me ven si es que ellos ven,
y aquí estoy aunque no supieran,
queriendo haber lo que yo había,
que como sangre me sustenta;

En país que no es mi país,
en ciudad que ninguno mienta,

junto a casa que no es mi casa,
pero siendo mía una puerta,

Detrás la cual yo puse todo,
yo dejé todo como ciega,
sin traer llave que me conozca
y candado que me obedezca.

Aquí me estoy, y yo no supe
que volvería a esta puerta
sin brazo válido, sin mano dura
y sin la voz que mi voz era;

Que guardianes no me verían
ni oiría su oreja sierva,
y sus ojos no entenderían
que soy íntegra y verdadera;

Que anduve lejos y que vuelvo
y que yo soy, si hallé la senda,
me sé sus nombres con mi nombre
y entre puertas hallé la puerta,

¡ A buscar lo que les dejé,
que es mi ración sobre la tierra,
de mí respira y a mí salta,
como un regato, si me encuentra!

A menos que él también olvide
y que tampoco entienda y vea

mi marcha de alga lamentable
que se retuerce contra su puerta.

Si sus ojos también son esos
que ven sólo las formas ciertas,

que ven vides y ven olivos
y criaturas verdaderas;

Y yo soy la rendida larva
desgajada de otra ribera,
que resbala país de hombres
con el silencio de la niebla;

¡Que no raya su pobre llano,
y no lo arruga de su huella,
y que no deja testimonio
sobre el aljibe de una puerta,

¡Que dormida dejó su carne,
como el árabe deja la tienda,
y por la noche, sin soslayo,
llegó a caer sobre su puerta!

IMAGENES

LA MAESTRA RURAL

A Federico de Onís.

La maestra era pura. «Los suaves hortelanos»,
decía, «de este predio, que es predio de Jesús,
han de conservar puros los ojos y las manos,
guardar claros sus óleos, para dar clara luz».

La maestra era pobre. Su reino no es humano.
(Así era el doloroso sembrador de Israel.)
Vestía sayas pardas, no enjoyaba su mano
¡y era todo su espíritu un inmenso joyel!

La maestra era alegre. ¡Pobre mujer herida!
Su sonrisa fue un modo de llorar con bondad.
Por sobre la sandalia rota y enrojecida,
era ella la insigne flor de su santidad.

¡Dulce ser! En su río de mieles, caudaloso,
largamente abrevaba sus tigres el dolor.
Los hierros que le abrieron el pecho generoso
¡más anchas le dejaron las cuencas del amor!

¡Oh, labriego, cuyo hijo de su labio aprendía
el himno y la plegaria, nunca viste el fulgor
del lucero cautivo que en sus carnes ardía:
pasaste sin besar su corazón en flor!

Campesina, ¿recuerdas que alguna vez prendiste
su nombre a un comentario brutal o baladí?
Cien veces la miraste, ninguna vez la viste
¡y en el solar de tu hijo, de ella hay más que de ti!

Pasó por él su fina, su delicada esteva,
abriendo surcos donde alojar perfección.
La albada de virtudes de que lento se nieva
es suya. Campesina, ¿no le pides perdón?

Daba sombra para una selva su encina hendida
el día en que la muerte la convidó a partir.
Pensando en que su madre la esperaba dormida,
a La de Ojos Profundos se dio sin resistir.

Y en su Dios se ha dormido, como en cojín de luna;
almohada de sus sienes, una constelación;
canta el Padre para ella sus canciones de cuna
¡y la paz llueve largo sobre su corazón!

Como un henchido vaso, traía el alma hecha
para dar ambrosía de toda eternidad;
y era su vida humana la dilatada brecha
que suele abrirse el Padre para echar claridad.

Por eso aún el polvo de sus huesos sustenta
púrpura de rosales de violento llamear.
¡Y el cuidador de tumbas, como aroma, me cuenta
las plantas del que huella sus huesos, al pasar!

LA MUJER FUERTE

Me acuerdo de tu rostro que se fijó en mis días,
mujer de saya azul y de tostada frente,
que en mi niñez y sobre mi tierra de ambrosía
vi abrir el surco negro en un abril ardiente.

Alzaba en la taberna, honda, la copa impura
el que te apegó un hijo al pecho de azucena,
y bajo ese recuerdo, que te era quemadura,
caía la simiente de tu mano, serena.

Segar te vi en enero los trigos de tu hijo,
y sin comprender tuve en ti los ojos fijos,
agrandados al par de maravilla y llanto.

Y el lodo de tus pies todavía besara,
porque entre cien mundanas no he encontrado tu cara
¡y aun te sigo en los surcos la sombra con mi canto!

MANOS DE OBREROS

Duras manos parecidas
a moluscos o alimañas;
color de humus o sollamadas
con un sollamo de salamandra,
y tremendamente hermosas
se alcen frescas o caigan cansadas.

Amasa que amasa los barros,
tumba y tumba la piedra ácida
revueltas con nudos de cáñamo
o en algodones avergonzadas,
miradas ni vistas de nadie
solo de la Tierra mágica.

Parecidas a sus combos
o a sus picos, nunca a su alma:
a veces en ruedas locas,
como el lagarto rebanadas,
y después, Arbol-Adámico
viudo de sus ramas altas.

96

Las oigo correr telares;
en hornos las miro abrasadas.
El yunque las deja entreabiertas
y el chorro de trigo apuñadas.

Las he visto en bocaminas
y en canteras azuladas.

Remaron por mí en los barcos
mordiendo las olas malas,
y mi huesa la harán justa
aunque no vieron mi espalda...

A cada verano tejen
linos frescos como el agua.
Después escardan y peinan
el algodón y la lana,
y en las ropas de los niños
y de los héroes, cantan.

Todas duermen de materias
y señales garabateadas.
Padre Zodíaco las toca
con el Toro y la Balanza.

¡Y cómo, dormidas, siguen
cavando o moliendo caña.
Jesucristo las toma y retiene
entre las suyas hasta el Alba!

OBRERITO

Madre, cuando sea grande,
¡ ay, qué mozo el que tendrás!
Te levantaré en mis brazos,
como el zonda[1] al herbazal

O te acostaré en las parvas
o te cargaré hasta el mar
o te subiré las cuestas
o te dejaré al umbral.

¿Y qué casal ha de hacerte
tu niñito, tu titán,
y qué sombra tan amante
sus aleros van a dar?

Yo te regaré una huerta
y tu falda he de cansar
con las frutas y las frutas
que son mil y que son más.

(1) Viento cálido de la región del Norte.

O mejor te haré tapices
con la juncia de trenzar;
o mejor tendré un molino
que te hable haciendo el pan.

Cuenta, cuenta las ventanas
y las puertas del casal;
cuenta, cuenta maravillas
si las puedes tú contar. . .

LEÑADOR

Quedó sobre las hierbas
el leñador cansado,
dormido en el aroma
del pino de su hachazo.
Tienen sus pies majadas
las hierbas que pisaron.
Le canta el dorso de oro
y le sueñan las manos.
Veo su umbral de piedra,

su mujer y su campo.
Las cosas de su amor
caminan su costado;
las otras que no tuvo
le hacen como más casto,
y el soñoliento duerme
sin nombre, como un árbol.

El mediodía punza
lo mismo que venablo.
Con una rama fresca

la cara le repaso.
Se viene de él a mí
su día como un canto
y mi día le doy
como pino cortado.
Regresando, a la noche,
por lo ciego del llano,
oigo gritar mujeres

al hombre retardado;
y cae a mis espaldas
y tengo en cuatro dardos
nombre del que guardé
con mi sangre y mi hálito.

•

PROCESION INDIA

Rosa de Lima, hija de Cristo
y de Domingo el Misionero,
que sazonas a la América
con Sazón que da tu cuerpo:
vamos en tu procesión
con gran ruta y grandes sedes,
y con el nombre de "Siempre",
y con el signo de "Lejos".

Y caminamos cargando
con fatiga y sin lamento
unas bayas que son veras
y unas frutas que son cuento:
el mamey, la granadilla,
la pitahaya, el higo denso.

Va la vieja procesión,
en anguila que es de fuego,

por los filos de los Andes
vivos, santos y tremendos,
llevando alpaca y vicuña
y callados llamas lentos,
para que tú nos bendigas
hijos, bestias y alimentos.

Polvo da la procesión
y ninguno marcha ciego,
pues el polvo se parece
a la niebla de tu aliento
y tu luz sobre los belfos
da Zodíacos ardiendo.

De la sierra embalsamada
cosas puras te traemos:
y pasamos voleando
árbol-quina y árbol-cedro,
y las gomas con virtudes
y las hierbas con misterios.

Santa Rosa de la Puna
y del alto ventisquero:
te llevamos nuestras marchas
en collares que hace el tiempo;
las escarchas que da junio,
los rescoldos que da enero.

De las puertas arrancamos
a los mozos y a los viejos
y en la cobra de la sombra
te llevamos a los muertos.

Abre, Rosa, abre los brazos
alza tus ojos y venos.
Llama aldeas y provincias;
haz en ellas el recuento
¡y se vean las regiones
extendidas en tu pecho!

El anillo de la marcha
nunca, Madre, romperemos
en el aire de la América
ni en el abra de lo Eterno.

Al dormir tu procesión
continúe en nuestro sueño
y al morirnos la sigamos
por los Andes de los Cielos.

VIEJA

Ciento veinte años tiene, ciento veinte,
y está más arrugada que la Tierra.
Tantas arrugas lleva que no lleva otra cosa
sino alforzas y alforzas como la pobre estera.

Tantas arrugas hace como la duna al viento,
y se está al viento que la empolva y pliega;
tantas arrugas muestra que le contamos sólo
sus escamas de pobre carpa eterna.

Se le olvidó la muerte inolvidable,
como un paisaje, un oficio, una lengua.
Y a la muerte también se le olvidó su cara,
porque se olvidan las caras sin cejas. . .

Arroz nuevo le llevan en las dulces mañanas;
fábulas de cuatro años al servirle le cuentan;
aliento de quince años al tocarla le ponen;
cabellos de veinte años al besarla le allegan.

Mas la misericordia que la salva es la mía.
Yo le regalaré mis horas muertas,
y aquí me quedaré por la semana,
pegada a su mejilla y a su oreja.

Diciéndole la muerte lo mismo que una patria;
dándosela en la mano como una tabaquera;
contándole la muerte como se cuenta a Ulises,
hasta que la oiga y me la aprenda.

"La Muerte", le diré al alimentarla;
y "La Muerte", también, cuando la duerma;
"La Muerte", como el número y los números,
como una antífona y una secuencia.

Hasta que alargue su mano y la tome,
lúcida al fin en vez de soñolienta,
abra los ojos, la mire y la acepte
y despliegue la boca y se la beba.

Y que se doble lacia de obediencia
y llena de dulzura se disuelva,
con la ciudad fundada el año suyo
y el barco que lanzaron en su fiesta,

Y yo pueda sembrarla lealmente,
como se siembran maíz y lenteja,
donde a tiempo las otras se sembraron,
más dóciles, más prontas y más frescas.

El corazón aflojado soltando,
y la nuca poniendo en una arena,
las viejas que pudieron no morir:
Clara de Asís, Catalina y Teresa.

POETA

A. Antonio Aita

—"En la luz del mundo
yo me he confundido.
Era pura danza
de peces benditos,
y jugué con todo
el azogue vivo.
Cuando la luz dejo,
quedan peces lívidos
y a la luz frenética
vuelvo enloquecido."

"En la red que llaman
la noche, fui herido,
en nudos de Osas
y luceros vivos.
Yo le amaba el coso
de lanzas y brillos,
hasta que por red
me la he conocido

que pescaba presa
para los abismos."

"En mi propia carne
también me he afligido.
Debajo del pecho
me daba un vagido.

Y partí mi cuerpo
como un enemigo,
para recoger
entero el gemido."

"En límite y límite
que toqué fui herido.
Los tomé por pájaros
del mar, blanquecinos.
Puntos cardinales
son cuatro delirios. . .
Los anchos alciones
no traigo cautivos
y el morado vértigo
fue lo recogido."

"En los filos altos
del alma he vivido:
donde ella espejea
de luz y cuchillos,
en tremendo amor
y en salvaje ímpetu,

en grande esperanza
y en rasado hastío.
Y por las cimeras
del alma fui herido."

"Y ahora me llega
del mar de mi olvido,
ademán y seña
de mi Jesucristo,
que, como en la fábula,
el último vino,
y en redes ni cáñamos
ni lazos me ha herido."

"Y me doy entero
al Dueño divino
que me lleva como
un viento o un río,
y más que un abrazo
me lleva ceñido,
en una carrera
en que nos decimos
nada más que ¡ Padre!
y nada más que ¡ Hijo! ".

PALOMAS

En la azotea de mi siesta
y al mediodía que la agobia,
dan conchitas y dan arenas
las pisadas de las palomas. . .

La siesta blanca, la casa terca
y la enferma que abajo llora,
no oyen anises ni pespuntes
de estas pisadas de palomas.

Levanto el brazo con el trigo,
vieja madre consentidora,
y entonces canta y reverbera
mi cuerpo lleno de palomas.

Tres me sostengo todavía
y les oigo la lucha ronca,
hasta que vuelan aventadas
y me queda paloma sola. . .

No sé las voces que me llaman
ni la siesta que me sofoca:
¡ epifanía de mi falda,
Paloma, Paloma!

LA TIERRA

LA TIERRA

Niño indio, si estás cansado,
tú te acuestas sobre la Tierra,
y lo mismo si estás alegre,
hijo mío, juega con ella. . .

Se oyen cosas maravillosas
al tambor indio de la Tierra:
se oye el fuego que sube y baja
buscando el cielo, y no sosiega.
Rueda y rueda, se oyen los ríos
en cascadas que no se cuentan.
Se oyen mugir los animales;
se oye el hacha comer la selva.
Se oyen sonar telares indios.
Se oyen trillas, se oyen fiestas.

Donde el indio lo está llamando,
el tambor indio le contesta,
y tañe cerca y tañe lejos,
como el que huye y que regresa. . .

Todo lo toma, todo lo carga
el lomo santo de la Tierra:
lo que camina, lo que duerme,
lo que retoza y lo que pena;
y lleva vivos y lleva muertos
el tambor indio de la Tierra.

Cuando muera, no llores, hijo:
pecho a pecho ponte con ella,
y si sujetas los alientos
como que todo o nada fueras,
tú escucharás subir su brazo
que me tenía y que me entrega,
y la madre que estaba rota
tú la verás volver entera.

LA TIERRA Y LA MUJER

A Amira de la Rosa.

Mientras tiene luz el mundo
y despierto está mi niño,
por encima de su cara,
todo es un hacerse guiños.

Guiños le hace la alameda
con sus dedos amarillos
y tras ella vienen nubes
en piruetas de cabritos. . .

La cigarra, al mediodía,
con el frote le hace guiño,
y la maña de la brisa
guiña con su puñalito.

Al venir la noche hace
guiño socarrón el grillo,
y en saliendo las estrellas,
me le harán sus santos guiños. . .

117

GABRIELA MISTRAL

Yo le digo a la otra Madre,
a la llena de caminos:
"¡ Haz que duerma tu pequeño
para que se duerma el mío! "

Y la muy consentidora,
la rayada de caminos,
me contesta: "¡ Duerme al tuyo
para que se duerma el mío! "

RONDA DE LOS METALES

A Martha A. Salotti

Del centro de la Tierra,
oyendo la señal,
los Lázaros metales
subimos a danzar.

Estábamos dormidos
y costó despertar
cuando el Señor y Dueño
llamó a su mineral.

¡Halá!, ¡halá!,
¡el Lázaro metal!

Veloz o lento bailan
los osos del metal:
el negro topa al rojo,
el blanco al azafrán.

¡Va —viene y va—
el Lázaro metal!

El cobre es arrebato,
la plata es maternal,
los hierros son Pelayos;
el oro, Abderrahmán.

Baila con llamaradas
la gente mineral:
Van y vienen relámpagos
como en la tempestad.

La ronda asusta a ratos
del resplandor que da,
y silba la Anaconda
en plata y en timbal.

¡Halá!, ¡halá!,
¡el Lázaro metal!

En las pausas del baile
quedamos a escuchar
—niños recién nacidos—
el tumbo de la mar.

Vengan los otros Lázaros
hacia su libertad;
salten las bocaminas
y lleguen a danzar.

¡Ya sube, ya,
el Lázaro metal!

Cuando relumbre toda
la cancha del metal,
la Tierra vuelta llama
¡qué linda va a volar!

Y va a subir los cielos,
en paloma pascual,
como era cuando era
en flor la Eternidad.

¡Halalalá!,
¡el Lázaro metal!

121

LA CABALGATA[1]

A don Carlos Silva Vildósola

Pasa por nuestra Tierra
la vieja Cabalgata,
partiéndose la noche
en una pulpa clara
y cayendo los montes
en el pecho del alba.

Con el vuelo remado
de los petreles pasa,
o en un silencio como
de antorcha sofocada.
Pasa en un dardo blanco
la eterna Cabalgata. . .

Pasa, única y legión,
en cuchillada blanca,
sobre la noche experta
de carne desvelada.

[1] La "Santa Campaña"; pero la de los héroes.

Pasa si no la ven,
y si la esperan, pasa.

Se leen las Eneidas,
se cuentan Ramayanas,
se llora el Viracocha
y se remonta al Maya,
y madura la vida
mientras su río pasa.

Las ciudades se secan
como piel de alimaña
y el bosque se nos dobla
como avena majada,
si olvida su camino
la vieja Cabalgata...

A veces por el aire
o por la gran llanada,
a veces por el tuétano
de Ceres subterránea,
a veces solamente
por las crestas del alma,
pasa, en caliente silbo,
la santa Cabalgata...

Como una vena abierta
desde las solfataras,

como un repecho de humo,
como un despeño de aguas,
pasa, cuando la noche
se rompe en pulpas claras.

Oír, oír, oír,
la noche como valva,
con ijar de lebrel
o vista acornejada,
y temblar y ser fiel,
esperando hasta el alba.

La noche ahora es fina,
es estricta y delgada.
El cielo agudo punza
lo mismo que la daga
y aguija a los dormidos
la tensa Vía Láctea.

Se viene por la noche
como un comienzo de aria;
se allegan unas vivas
trabazones de alas.
Me da en la cara un alto
muro de marejada,
y saltan, como un hijo,
contentas, mis entrañas.

Soy vieja; amé los héroes
y nunca vi su cara;

por hambre de su carne
yo he comido las fábulas.

Ahora despierto a un niño
y destapo su cara,
y lo saco desnudo
a la noche delgada,
y lo hondeo en el aire
mientras el río pasa,
porque lo tome y lleve
la vieja Cabalgata. . .

LA OLA MUERTA

DIA

Día, día del encontrarnos,
tiempo llamado Epifanía.
Día tan fuerte que llegó
color tuétano y ardentía,
sin frenesí sobre los pulsos
que eran tumulto y agonía,
tan tranquilo como las leches
de las vacadas con esquilas.

Día nuestro, por qué camino,
bulto sin pies, se allegaría,
que no supimos, que no velamos,
que cosa alguna lo decía,
que no silbamos a los cerros
y él sin pisada se venía.

Parecían todos iguales,
y de pronto maduró un Día.
Era lo mismo que los otros,
como son cañas y son olivas,

y a ninguno de sus hermanos,
como José, se parecía.

Le sonreíamos entre los otros.
Tenga talla sobre los días,
como es el buey de grande alzada
y es el carro de las gavillas.

Lo bendigan las estaciones,
Nortes y Sures lo bendigan,
y su padre, el año, lo escoja
y lo haga mástil de la vida.

No es un río ni es un país,
ni es un metal: se llama un Día.
Entre los días de las grúas,
de las jarcias y de las trillas,
entre aparejos y faenas,
nadie lo nombra ni lo mira.

Lo bailemos y lo digamos
por galardón de Quien lo haría,
por gratitud de suelo y aire,
por su regato de agua viva,
antes que caiga como pavesa
y como cal que molerían
y se vuelquen hacia lo Eterno
sus especies de maravilla.

¡ Lo cosamos en nuestra carne,
en el pecho y en las rodillas,

y nuestras manos lo repasen,
y nuestros ojos lo distingan,
y nos relumbre por la noche
y nos conforte por el día,
como el cáñamo de las velas
y las puntadas de las heridas!

ADIOS

En costa lejana
y en mar de Pasión,
dijimos adioses
sin decir *adiós.*
Y no fue verdad
la alucinación.
Ni tu la creíste
ni la creo yo,
"y es cierto y no es cierto"
como en la canción.

Que yendo hacia el Sur
diciendo iba yo:
—Vamos hacia el mar
que devora al sol.

Y yendo hacia el Norte
decía tu voz:
—Vamos a ver juntos
donde se hace el Sol.

Ni por juego digas
o exageración
que nos separaron
tierra y mar, que son:
ella, sueño y él
alucinación.

No te digas solo
ni pida tu voz
albergue para uno
al albergador.
Echarás la sombra
que siempre se echó,
morderás la duna
con paso de dos. . .

¡ Para que ninguno,
ni hombre ni dios,
nos llame partidos
como luna y sol;
para que ni roca
ni viento errador,
ni río con vado
ni árbol sombreador,
aprendan y digan
mentira o error
del Sur y del Norte,
del uno y del dos!

AUSENCIA

Se va de ti mi cuerpo gota a gota.
Se va mi cara en un óleo sordo;
se van mis manos en azogue suelto;
se van mis pies en dos tiempos de polvo.

¡ Se te va todo, se nos va todo!
Se va mi voz, que te hacía campana
cerrada a cuanto no somos nosotros.
Se van mis gestos que se devanaban,
en lanzaderas, debajo tus ojos.
Y se te va la mirada que entrega,
cuando te mira, el enebro y el olmo.

Me voy de ti con tus mismos alientos:
como humedad de tu cuerpo evaporo.
Me voy de ti con vigilia y con sueño,
y en tu recuerdo más fiel ya me borro.
Y en tu memoria me vuelvo como esos
que no nacieron en llanos ni en sotos.

Sangre sería y me fuese en las palmas
de tu labor, y en tu boca de mosto.
Tu entraña fuese, y sería quemada
en marchas tuyas que nunca más oigo,
¡ y en tu pasión que retumba en la noche
como demencia de mares solos!

¡ Se nos va todo, se nos va todo!

MURO

Muro fácil y extraordinario,
muro sin peso y sin color:
un poco de aire en el aire.

Pasan los pájaros de un sesgo,
pasa el columpio de la luz,
pasa el filo de los inviernos
como el resuello del verano;
pasan las hojas en las ráfagas
y las sombras incorporadas.

¡ Pero no pasan los alientos,
pero el brazo no va a los brazos
y el pecho al pecho nunca alcanza!

VIEJO LEON

Tus cabellos ya son
blancos también;
miedo, la dura voz,
la boca, "amén".

Tarde se averiguó,
tarde se ven
ojos sin resplandor,
sorda la sien.

Tanto se padeció
para aprender
apagado el fogón,
rancia la miel.

Mucho amor y dolor
para saber
canoso a mi león,
¡ viejos sus pies! "

ENFERMO

Vendrá del Dios alerta
que cuenta lo fallido.
Por diezmo no pagado,
rehén me fue cogido.
Por algún daño oscuro
así me han afligido.

Está dentro la noche
ligero y desvalido
como una corta fábula
su cuerpo de vencido.
Parece tan distante
como el que no ha venido,
el que me era cercano
como aliento y vestido.

Apenas late el pecho
tan fuerte de latido.
¡ Y cae si yo suelto
su cuello y su sentido!

Me sobra el cuerpo vano
de madre recibido;
y me sobra el aliento
en vano retenido:
me sobran nombre y forma
junto al desposeído.

Afuera dura un día
de aire aborrecido.
Juega como los ebrios
el aire que lo ha herido.
Juega a diamante y hielo
con que cortó lo unido
y oigo su voz cascada
de destino perdido. . .

Cabeza de mujer, dibujo. H. Matisse, 1951.

SOLEDADES

VERGÜENZA

Si tú me miras, yo me vuelvo hermosa
como la hierba a que bajó el rocío,
y desconocerán mi faz gloriosa
las altas cañas cuando baje al río.

Tengo vergüenza de mi boca triste,
de mi voz rota y mis rodillas rudas;
ahora que me miraste y que viniste,
me encontré pobre y me palpé desnuda.

Ninguna piedra en el camino hallaste
más desnuda de luz en la alborada
que esta mujer a la que levantaste,
porque oíste su canto, la mirada.

Yo callaré para que no conozcan
mi dicha los que pasan por el llano,
en el fulgor que da a mi frente tosca
y en la tremolación que hay en mi mano...

Es noche y baja a la hierba el rocío;
mírame largo y habla con ternura,
¡que ya mañana al descender al río
lo que besaste llevará hermosura!

DESVELADA

Como soy reina y fui mendiga, ahora
vivo en puro temblor de que me dejes,
y te pregunto, pálida, a cada hora:
«¿Estás conmigo aún? ¡Ay, no te alejes!»

Quisiera hacer las marchas sonriendo
y confiando ahora que has venido;
pero hasta en el dormir estoy temiendo
y pregunto entre sueños: «¿No te has ido?»

JUGADORES

Jugamos nuestra vida
y bien se nos perdió.
Era robusta y ancha
como montaña al sol.

Y se parece al bosque
raído, y al dragón
cortado, y al mar seco.
y a ruta sin veedor.

La jugamos por nuestra
como sangre y sudor,
y era para la dicha
y la Resurrección.

Otros jugaban dados,
otros colmado arcón;
nosotros los frenéticos,
jugamos lo mejor.

Fue más fuerte que vino
y que agua de turbión
ser 'en la mesa el dado
y ser el jugador.

Creímos en azares,
en el *sí* y en el *no*.
Jugábamos, jugando,
infierno y salvación.

No nos guarden la cara,
la marcha ni la voz;
ni nos hagan fantasma
ni nos vuelvan canción.

Ni nombre ni semblante
guarden del jugador.
¡Volveremos tan nuevos
como ciervo y alción!

Si otra vez asomamos,
si hay segunda ración,
traer, no traeremos
cuerpo de jugador.

YO NO TENGO SOLEDAD

Es la noche desamparo
de las sierras hasta el mar.
Pero yo, la que te mece,
¡ yo no tengo soledad!

Es el cielo desamparo
si la luna cae al mar.
Pero yo, la que te estrecha,
¡ yo no tengo soledad!

Es el mundo desamparo
y la carne triste va.
Pero yo, la que te oprime,
¡ yo no tengo soledad!

ANIVERSARIO

A Miguel Hernández

Todavía, Miguel, me valen,
como al que fue saqueado,
el voleo de tus voces,
las saetas de tus pasos
y unos cabellos quedados,
por lo que reste de tiempo
y albee de eternidades.

Todavía siento extrañeza
de no apartar tus naranjas
ni comer tu pan sobrado
y de abrir y de cerrar
por mano mía tu casa.

Me asombra el que, contra el logro
de Muerte y de matadores,
sigas quedado y erguido,
caña o junco no cascado
y que, llamado con voz
o con silencio, me acudas.

Todavía no me vuelven
marcha mía, cuerpo mío.
Todavía estoy contigo
parada y fija en tu trance,
detenidos como en puente,
sin decidirte tú a seguir,
y yo negada a devolverme.

Todavía somos el Tiempo,
pero probamos ya el sorbo
primero, y damos el paso
adelantado y medroso.
Y una luz llega anticipada
de La Mayor que da la mano,
y convida, y toma, y lleva.

Todavía como en esa
mañana de techo herido
y de muros humeantes,
seguimos, mano a la mano,
escarnecidos, robados,
y los dos rectos e íntegros.

Sin saber tú que vas yéndote,
sin saber yo que te sigo,
dueños ya de claridades
y de abras inefables

o resbalamos un campo
que no ataja con linderos
ni con el término aflige.

Y seguimos, y seguimos,
ni dormidos ni despiertos,
hacia la cita e ignorando
que ya somos arribados.
Y del silencio perfecto,
y de que la carne falta,
la llamada aún no se oye
ni el Llamador da su rostro.

¡ Pero tal vez esto sea,
¡ ay! amor mío, la dádiva
del Rostro eterno y sin gestos
y del reino sin contorno!

HERRAMIENTAS

A Ciro Alegría.

En el valle de mis infancias
en los Anáhuac y en las Provenzas,
con gestos duros y brillos dulces,
me miraron las herramientas
porque sus muecas entendiese
y el cuchicheo les oyera.

En montones como los hombres
encuclillados que conversan,
sordas de lodo, sonando arenas,
amodorradas, pero despiertas,
resbalan, caen y se enderezan
unas mirando y otras ciegas.

Revueltas con los aperos,
trabados los pies de hierbas
trascienden a naranjo herido
o al respiro de la menta.

Cuando mozas brillan de ardores
y rotas son madres muertas.

Pasando ranchos de noche
topé con la parva de ellas
y las azotó mi risa
como un eco de aguas sueltas.
Echadas de bruces, sueñan
sus frías espaldas negras
o echadas como mujeres
lucen a la luna llena.

Topándome en la mejilla
afilada, las horquetas,
y un rastrillo masticando
toda la pradera muerta
las unas bailaban de mozas,
las otras sueñan de viejas,
torcidas, rectas, bruñidas,
enmudecido coro: herramientas.

Persigo mis pies errantes
ajetreados como ellas
y con la azada más pura,
porque descansen y duerman
voy persignando mi pecho
y el alma que lo gobierna.

Toque a toque la azada viva
me mira y recorre entera,
y le digo que me dé,
al caer, la última tierra;
y con ternura de hermana
yo la suelto, ella me deja:
azul tendal, adormecido,
hermosura callada: herramientas.

LA ESPERA INUTIL

Yo me olvidé que se hizo
ceniza tu pie ligero,
y, como en los buenos tiempos,
salí a encontrarte al sendero.

Pasé valle, llano y río
y el cantar se me hizo triste.
La tarde volcó su vaso
de luz ¡ y tú no viniste!

El sol fue desmenuzando
su ardida y muerta amapola;
flecos de niebla temblaron
sobre el campo. ¡ Estaba sola

Al viento otoñal, de un árbol
crujió el blanqueado brazo.
Tuve miedo y te llamé:
¡ Amado, apresura el paso!

Tengo miedo y tengo amor,
¡amado, el paso apresura!
Iba espesando la noche
y creciendo mi locura.

Me olvidé de que te hicieron
sordo para mi clamor;
me olvidé de tu silencio
y de tu cárdeno albor;

de tu inerte mano torpe
ya para buscar mi mano;
¡ de tus ojos dilatados
del inquirir soberano!

La noche ensanchó su charco
de betún; el agorero
búho con la horrible seda
de su ala rasgó el sendero.

No te volveré a llamar
que ya no haces tu jornada;
mi desnuda planta sigue,
la tuya está sosegada.

Vano es que acuda a la cita
por los caminos desiertos.

¡No ha de cuajar tu fantasma
entre mis brazos abiertos!

EL VASO

Yo sueño con un vaso humilde y simple arcilla
que guarde tus cenizas cerca de mis miradas;
y la pared del vaso te será mi mejilla,
y quedarán mi alma y tu alma apaciguadas.

No quiero espolvorearlas en vaso de oro ardiente,
ni en la ánfora pagana que carnal línea ensaya:
sólo un vaso de arcilla te ciña simplemente,
humildemente, como un pliegue de mi saya.

En una tarde de éstas recogeré la arcilla
por el río, y lo haré con pulso tembloroso.
Pasarán las mujeres cargadas de gavillas,
y no sabrán que amaso el lecho de un esposo.

El puñado de polvo, que cabe entre mis manos,
se verterá sin ruido, como una hebra de llanto.
Yo sellaré este vaso con beso sobrehumano,
¡ y mi mirada inmensa será tu único manto!

CANCION DE LAS
MUCHACHAS MUERTAS

Recuerdo de mi sobrina Graciela

¿Y las pobres muchachas muertas,
escamoteadas en abril,
las que asomáronse y hundiéronse
como en las olas el delfín?

¿A dónde fueron y se hallan,
encuclilladas por reír
o agazapadas esperando
voz de un amante que seguir?

¿Borrándose como dibujos
que Dios no quiso reteñir
o anegadas poquito a poco
como en sus fuentes un jardín?

A veces quieren en las aguas
ir componiendo su perfil,
y en las carnudas rosas-rosas
casi consiguen sonreír.

En los pastales acomodan
su talle y busto de ceñir
y casi logran que una nube
les preste cuerpo por ardid;

Casi se juntan las deshechas;
casi llegan al sol feliz;
casi reniegan su camino
recordando que eran de aquí;

Casi deshacen su traición
y van llegando a su redil.
¡ Y casi vemos en la tarde
el divino millón venir!

DESHECHA

Hay una congoja de algas
y una sordera de arenas,
un solapamiento de aguas
con un quebranto de hierbas.

Estamos bajo la noche
las criaturas completas:
los muros, blancos de fieles;
el pinar lleno de esencia,
una pobre fuente impávida
y un dintel de frente alerta.

Y mirándonos en ronda,
sentimos como vergüenza
de nuestras rodillas íntegras
y nuestras sienes sin mengua.

Cae el cuerpo de una madre
roto en hombros y en caderas;
cae en un lienzo vencido
y en unas tardas guedejas.

GABRIELA MISTRAL

La oyen caer sus hijos
como la duna su arena;
en mil rayas soslayadas,
se va y se va por la puerta.

Y nadie para el estrago,
y están nuestras manos quietas,
mientras que bajan sus briznas
en un racimo de abejas.

Descienden abandonados
sus gestos que no sujeta,
y su brazo se relaja,
y su color no se acuerda.

¡Y pronto va a estar sin nombre
la madre que aquí se mienta,
y ya no le convendrán
perfil, ni casta, ni tierra!

Ayer no más era una
y se podía tenerla,
diciendo nombre verídico
a la madre verdadera.

De sien a pies, era única
como el compás o la estrella.
Ahora ya es el reparto
entre dos devanaderas

y el juego de "toma y daca"
entre Miguel y la Tierra.

Entre orillas que se ofrecen,
vacila como las ebrias
y después sube tomada
de otro aire y otra ribera.

Se oye un duelo de orillas
por la madre que era nuestra:
una orilla que la toma
y otra que aún la jadea.

¡ Llega al tendal dolorido
de sus hijos en la aldea,
el trance de su conflicto
como de un río en el delta!

CONFESION

I

—Pende en la comisura de tu boca,
pende tu confesión, y yo la veo:
casi cae a mis manos.

Di tu confesión, hombre de pecado,
triste de pecado, sin paso alegre,
sin voz de álamos, lejano de los que amas,
por la culpa que no se rasga como el fruto.

Tu madre es menos vieja
que la que te oye, y tu niño es tan tierno
que lo quemas como un helecho si se la dices.

Yo soy vieja como las piedras para oírte,
profunda como el musgo de cuarenta años,
para oírte;
con el rostro sin asombro y sin cólera,
cargado de piedad desde hace muchas vidas,
para oírte.

Dame los años que tú quieras darme,
y han de ser menos de los que yo tengo,
porque otros ya, también sobre esta arena,
me entregaron las cosas que no se oyen en vano,
y la piedad envejece como el llanto
y engruesa el corazón como el viento a la duna.

Di la confesión para irme con ella
y dejarte puro.
No volverás a ver a la que miras
ni oirás más la voz que te contesta;

pero serás ligero como antes
al bajar las pendientes y al subir las colinas,
y besarás de nuevo sin zozobra
y jugarás con tu hijo en unas peñas de oro.

II

Ahora tú echa yemas y vive
días nuevos y que te ayude el mar con yodos.
No cantes más canciones que supiste
y no mientes los pueblos ni los valles
que conocías, ni sus criaturas.
¡Vuelve a ser el delfín y el buen petrel
loco de mar y el barco empavesado!

Pero siéntate un día
en otra duna, al sol, como me hallaste,
cuando tu hijo tenga ya treinta años,
y oye al otro que llega,

cargado como de alga el borde de la boca.
Pregúntale también con la cabeza baja,
y después no preguntes, sino escucha
tres días y tres noches.
¡ Y recibe su culpa como ropas
cargadas de sudor y de vergüenza,
sobre tus dos rodillas!

PAIS DE LA AUSENCIA

A Ribeiro Couto

País de la ausencia,
extraño país,
más ligero que ángel
y seña sutil,
color de alga muerta,
color de neblí,
con edad de siempre,
sin edad feliz.

No echa granada,
no cría jazmín,
y no tiene cielos
ni mares de añil.
Nombre suyo, nombre,
nunca se lo oí,
y en país sin nombre
me voy a morir.

Ni puente ni barca
me trajo hasta aquí.
No me lo contaron
por isla o país.
Yo no lo buscaba
ni lo descubrí.

Parece una fábula
que ya me aprendí,
sueño de tomar
y de desasir.
Y es mi patria donde
vivir y morir.

Me nació de cosas
que no son país:
de patrias y patrias
que tuve y perdí;
de las criaturas
que yo vi morir;
de lo que era mío
y se fue de mí.

Perdí cordilleras
en donde dormí;
perdí huertos de oro
dulces de vivir;
perdí yo las islas
de caña y añil,

y las sombras de ellos
me las vi ceñir
y juntas y amantes
hacerse país.

Guedejas de nieblas
sin dorso y cerviz,
alientos dormidos

me los vi seguir,
y en años errantes
volverse país,
y en país sin nombre
me voy a morir.

LA EXTRANJERA

A Francis de Miomandre

—"Habla con dejo de sus mares bárbaros,
con no sé qué algas y no sé qué arenas;
reza oración a dios sin bulto y peso,
envejecida como si muriera.
En huerto nuestro que nos hizo extraño,
ha puesto cactus y zarpadas hierbas.
Alienta del resuello del desierto
y ha amado con pasión de que blanquea,
que nunca cuenta y que si nos contase
sería como el mapa de otra estrella.
Vivirá entre nosotros ochenta años,
pero siempre será como si llega,
hablando lengua que jadea y gime
y que le entienden sólo bestezuelas.
Y va a morirse en medio de nosotros,
en una noche en la que más padezca,
con sólo su destino por almohada,
de una muerte callada y *extranjera*".

BEBER

Al Dr. Pedro de Alba

Recuerdo gestos de criaturas
y son gestos de darme el agua.

En el Valle de Río Blanco,
en donde nace el Aconcagua,
llegué a beber, salté a beber
en el fuete de una cascada,
que caía crinada y dura
y se rompía yerta y blanca.
Pegué mi boca al hervidero,
y me quemaba el agua santa,
y tres días sangró mi boca
de aquel sorbo del Aconcagua.

En el campo de Mitla, un día
de cigarras, de sol, de marcha,
me doblé a un pozo y vino un indio
a sostenerme sobre el agua.

y mi cabeza, como un fruto,
estaba dentro de sus palmas.
Bebía yo lo que bebía,
que era su cara con mi cara,
y en un relámpago yo supe
carne de Mitla ser mi casta.

En la Isla de Puerto Rico,
a la siesta de azul colmada,
mi cuerpo quieto, las olas locas,
y como cien madres las palmas,
rompió una niña por donaire
junto a mi boca un coco de agua,
y yo bebí, como una hija,
agua de madre, agua de palma.
Y más dulzura no he bebido
con el cuerpo ni con el alma.

A la casa de mis niñeces
mi madre me llevaba el agua.
Entre un sorbo y el otro sorbo
la veía sobre la jarra.
La cabeza más se subía
y la jarra más se abajaba.
Todavía yo tengo el valle,
tengo mi sed y su mirada.
Será esto la eternidad
que aún estamos como estábamos.

Recuerdo gestos de criaturas
y son gestos de darme el agua.

TODAS IBAMOS A SER REINAS[1]

Todas íbamos a ser reinas,
de cuatro reinos sobre el mar:
Rosalía con Efigénia
y Lucila con Soledad.

En el Valle de Elqui, ceñido
de cien montañas o de más,
que como ofrendas o tributos
arden en rojo y azafrán.
Lo decíamos embriagadas,
y lo tuvimos por verdad,
que seríamos todas reinas
y llegaríamos al mar.

Con las trenzas de los siete años,
y batas claras de percal,
persiguiendo tordos huídos
en la sombra del higueral,

De los cuatro reinos, decíamos,

174

indudables como el Korán,
que por grandes y por cabales
alcanzarían hasta el mar.

Cuatro esposos desposarían,
por el tiempo de desposar,
y eran reyes y cantadores
como David, rey de Judá.

Y de ser grandes nuestros reinos,
ellos tendrían, sin faltar,
mares verdes, mares de algas,
y el ave loca del faisán.

Y de tener todos los frutos,
árbol de leche, árbol del pan,
el guayacán no cortaríamos
ni morderíamos metal.

Todas íbamos a ser reinas,
y de verídico reinar;
pero ninguna ha sido reina
ni en Arauco ni en Copán. . .

Rosalía besó marino
ya desposado con el mar,
y al besador, en las Guaitecas,
se lo comió la tempestad.

Soledad crio siete hermanos
y su sangre dejó en su pan,
y sus ojos quedaron negros
de no haber visto nunca el mar.

En las viñas de Montegrande,
con su puro seno candeal,
mece los hijos de otras reinas
y los suyos nunca-jamás.

Efigenia cruzó extranjero
en las rutas, y sin hablar,
le siguió, sin saberle nombre,
porque el hombre parece el mar.

Y Lucila, que hablaba a río,
a montaña y cañaveral,
en las lunas de la locura
recibió reino de verdad.

En las nubes contó diez hijos
y en los salares su reinar,
en los ríos ha visto esposos
y su manto en la tempestad.

Pero en el Valle de Elqui, donde
son cien montañas o son más,
cantan las otras que vinieron
y las que vienen cantarán:

"En la tierra seremos reinas,
y de verídico reinar,
y siendo grandes nuestros reinos,
llegaremos todas al mar."

INDICE

de SOLEDADES

Edición 3,000 ejemplares
MARZO 1992
LITOGRAFICA JOMAN
Comonfort 48, Local 29 C, Centro